AF242747

# RECHERCHES

## SUR

# L'INFLUENCE

Que les Évacuans exercent sur la population,

## ET

# RÉFLEXIONS

Sur l'abus que l'on a fait de ces remèdes pendant la dyssenterie épidémique qui, en 1815, a désolé l'arrondissement de Dinan.

*Par* L.-F. BIGEON, *Docteur en Médecine,*
*Médecin des épidémies, des Sociétés de Médecine pratique,*
*médicale, galvanique, académique des sciences de Paris,*
*etc.*

A DINAN,

Chez J.-B.-T.-R. HUART, Imprimeur-Libraire, — 1816.

# RECHERCHES
## SUR L'INFLUENCE

Que les Evacuans exercent sur la population,

### ET

# RÉFLEXIONS

Sur l'abus que l'on a fait de ces remèdes, pendànt
la dyssenterie épidémique qui, en 1815, a désolé
l'arrondissement de Dinan.

L'ON peut avec des théories erronnées, avec des
assertions vagues ou trompeuses, égarer momen-
tanément l'opinion publique sur les vrais principes
du traitement des maladies ; mais c'est en vain que
l'on combat avec de pareilles armes des vérités
démontrées par des observations physiologiques,
par des faits recueillis avec soin, par des faits qui,
consignés dans les actes publics, sont toujours prêts
à déposer contre l'erreur, à assurer le triomphe
de la plus importante des vérités : *L'abus des
remèdes est la cause la plus puissante de notre
destruction prématurée, des maux et des infirmités
qui la précèdent.*

Les premières preuves que j'ai données de cette assertion étoient étrangères à la pratique de M. Bodinier. Avant son premier et virulent libelle, nulle part, dans mes écrits, on n'a pu reconnoître l'intention de le désigner, même *indirectement;* et c'est à tort qu'il m'accuse d'avoir *cherché à l'avilir aux yeux du public ;* je ne le pouvois : et pourquoi l'aurois-je *calomnié?* Je n'ai pas même cédé au mouvement d'indignation que devoient m'inspirer sa conduite et ses écrits.

Sans me demander si je renonçois aux fonctions de médecin des épidémies, il en sollicita la place ; et, avant de connoître le traitement que je me proposois d'indiquer contre la dyssenterie, il écrivit à MM. les Curés qu'il y avoit entre nous dissidence d'opinions, mais qu'il agissoit *d'après l'expérience et d'accord avec tout ce qu'il y a de bons praticiens en Europe.* J'étois donc en opposition avec tous les bons praticiens et avec l'expérience. Loin de me plaindre de ces agressions, j'essayai de m'entendre avec lui ; mais reconnoissant bientôt que mes efforts seroient inutiles, pour ne pas rendre publique une discussion toujours désagréable, et que je voulois éviter, au moins au lit des malades, je consentis à lui abandonner le soin de l'épidémie, si elle ne s'étendoit pas davantage, et si désormais sa pratique étoit réellement guidée par l'expérience.

En renonçant ainsi volontairement à mes

fonctions , jusqu'à ce que la dyssenterie , répandue à Dinan et dans toutes les campagnes voisines , donnât les inquiétudes les plus vives et les mieux fondées , je prouvois que mon intention n'étoit pas de lui nuire , et que je portois au moins assez loin l'esprit de conciliation. Depuis , lorsque bien convaincu de la nécessité d'opposer à cette maladie des secours efficaces , j'ai recommencé à agir comme médecin des épidémies ; c'est-à-dire, lorsque, conformément à l'instruction ministérielle et à la lettre de M. le Préfet , je devois diriger l'administration de tous les secours publics donnés dans l'arrondissement , et m'opposer à ce qu'on y répandît de funestes principes , je me flattois que M. Bodinier seroit sensible à la preuve d'égards que je lui donnois, en renonçant à la direction médicale des communes que lui et ses aides visitoient.

Mes espérances ont été trompées ; cependant je veux terminer une discussion qui déjà m'a trop souvent distrait de mes occupations habituelles : et c'est la seule raison qui m'empêche de prouver ici que toujours il détourne ou dissimule les objections que je lui fais, qu'il altère celles de mes assertions qu'il veut combattre, et qu'il réunit mal les mots de plusieurs de mes phrases pour en former de ridicules. Je rappellerai seulement dans cet écrit, des faits dont la publicité peut être d'une utilité générale.

( 4 )

M. Bodinier dit, page 2 de son dernier mémoire?
« Il ( M. Bigeon ) a présenté sous l'aspect sédui-
« sant de la candeur et de la vérité, des faits tirés
« de l'épidémie même. Ces faits, s'ils étoient au-
« thentiques, déposeroient en faveur de la méde-
« cine expectante, et s'élevant avec force contre le
« traitement que j'ai conseillé, m'accuseroient à
« juste titre, au nom de ses victimes, ou d'igno-
« rance, ou d'obstination. Il faut les détruire, ces
« faits; il faut étouffer leur voix mensongère ».

Je pense que le lecteur qui comparera la première de ces phrases avec les déclamations qui la
précèdent, dans l'écrit que je viens de citer, re-
connoîtra que ce n'est pas moi qui oublie les conve-
nances sociales. Ce n'est pas moi aussi que M.
Bodinier déshonore par des propos injurieux. Il
s'est transporté dans les communes d'où j'ai tiré
mes observations, et il en a, sans doute, recon-
nu l'exactitude, qu'il ne conteste que vaguement.
Je vais, en rappelant ces faits, en citer d'autres
également authentiques, et qui, comme les pre-
miers, *s'élèvent avec force contre le traitement
qu'il a conseillé*. Nous verrons bientôt que la voix
qui les proclame n'est point celle que l'on doit
appeler *mensongère*. Rien de ce que je lui oppose
*n'est marqué au coin de la mauvaise foi*. Qu'espère-
t-il donc en appelant l'attention du public sur une
doctrine médicale contre laquelle s'élève de toutes
parts la voix de ses victimes ?

La dyssenterie est une affection inflammatoire de la membrane muqueuse des intestins. Dans l'épidémie qui vient de désoler nos campagnes, souvent cette inflammation se propageoit à l'estomac et même jusqu'à la bouche. Les enfans, les vieillards, les personnes valétudinaires ont succombé en grand nombre, surtout parmi les pauvres, tandis que les dyssentériques adultes et bien constitués n'ont éprouvé qu'une indisposition de quelques jours, lorsqu'ils ont suivi un régime convenable.

Des fluxions, des douleurs vagues, des frissons, l'accélération du pouls, manifestoient la présence d'un stimulant morbifique; mais ce principe stimulant étoit étranger à la bile, puisqu'il se fixoit d'abord sur la partie du canal alimentaire la plus éloignée de celle où cette importante sécrétion se dépose.

Presque toujours, pendant les premières périodes de la maladie, l'irritation étoit telle que les intestins resserrés ne permettoient le passage d'aucune matière stercorale, lors même que l'on essayoit d'en provoquer la sortie, ou si elles étoient évacuées, pour l'ordinaire, elles ne différoient pas de celles qui sont rendues pendant la santé. Les déjections n'étoient que la sécrétion muqueuse des intestins dont les capillaires, distendus par l'inflammation, laissoient transuder la partie colorante du sang; et si M. Bodinier se fût donné la peine de les observer, il ne diroit pas, page 17, que *dans la dyssenterie, les boissons, presqu'aussitôt rendues que prises , ne peuvent, dans un cours aussi rapide, contracter aucune propriété irritante.* Cette dangereuse assertion ne seroit pas vraie „ même lorsqu'il y a diarrhée.

De fréquentes suppressions de transpiration, des travaux excessifs, l'usage de nourritures peu substantielles ou de mauvaise qualité, l'exhalaison de miasmes délétères, pendant les pluies qui ont succédé à des chaleurs excessives, ont, comme je l'ai dit, précédé ou accompagné le développement de la dyssenterie. La constitution épidémique ne pouvoit être inflammatoire; elle a été, et on devoit le prévoir, essentiellement catarrhale avec disposition à l'adynamie.

Je ne trouve rien dans les écrits de M. Bodinier, qui puisse faire naître des idées différentes sur la nature et les causes de la dyssenterie. Deux méthodes curatives lui ont été opposées : examinons, en compulsant les registres civils des communes où elle s'est spécialement manifestée, laquelle de ces deux méthodes a dû obtenir la préférence.

M. Bodinier a donné ses soins, au nom du Roi, le 3 octobre, et il a pu aussitôt s'adjoindre des aides. MM. Postel, Le Tulle, Olivier et Gouault n'ont commencé que le 20 et même plus tard. Déjà un grand nombre de malades avoit succombé ; mais je craindrois, en multipliant les colonnes du tableau que je présente, de rendre difficile à saisir les résultats généraux des méthodes employées.

| COMMUNES spécialement confiées aux soins de *MM.* | | NOMBRE des décès en 1814. | DÉCÈS du 4 octobre au 1. décembre, 1815, moins 1/6 de ceux de 1814. | NOMBRE des dyssentériques qui ont été visités. |
|---|---|---|---|---|
| BODINIER. | Evran et S.-Judoce. | 89 | 155 | 242 |
| | Lanvallay et Tressaint. | 32 | 25 | 32 |
| | Lehon.......... | 9 | 10 | 12 |
| POSTEL. | Pleudihen... | 104 | 61 | 332 |
| | S.-Solain..... | 9 | 8 | 53 |
| | S.-Helen..... | 22 | 5 | 22 |
| LETULLE. | Ploubalay.... | 54 | 20 | 103 |
| | Le Plessix.... | 4 | 3 | 20 |
| GOUAULT | Taden et S.-Samson. | 34 | 9 | 56 |
| OLIVIER. | Plouer......... | 80 | 8 | 109 |

Le sixième des décès de 1814 équivalant à peu près au nombre des personnes qui eussent péri pendant les mois d'octobre et de novembre, l'excédant représente avec une exactitude suffisante, celles qui ont succombé à l'épidémie. Pour quelques communes, ce résultat diffère un peu de celui qui m'avoit été remis ; mais je l'ai adopté, afin d'éviter tout ce qui peut être considéré comme arbitraire dans le nécrologe que je publie et que l'on peut

vérifier au greffe du Tribunal de première instance.
Le retard que la rentrée des registres a éprouvé,
m'a empêché de le faire connoître plus tôt, quoique
je désirasse détruire promptement les fausses idées
que M. Bodinier a pu faire naître à quelques-uns
de ses lecteurs. Je dis à quelques-uns, car son nécrologe est invraisemblable et même en opposition
avec le texte de ses écrits. Dans ses deux mémoires,
page 13 du premier et 17 du second, il parle des
soins qu'il a donnés à une femme morte à Léhon
de la dyssenterie, et il affirme, page 11 du second,
qu'aucun dyssentérique traité par lui n'est mort
dans cette commune.

Les tableaux que MM. Postel, Le Tulle, Olivier
et Gouault m'ont remis, avec l'état nominatif des
malades, ont servi d'élémens à ceux que j'ai publiés
et que je publie. Ces Messieurs m'ont fait connoître
depuis le 1 Décembre, d'autres dyssentériques qu'ils
n'avoient pas encore vus, et je pourrois dire que
plusieurs de ceux qui ont succombé, même après
le 20 octobre, n'ont pas reçu tous les secours que
j'ai indiqués ; mais il me suffit ici que les registres
civils attestent que ce ne sont pas mes tableaux qui
sont *marqués au coin de la mauvaise foi.*

Un Maire et deux Curés ont donné des certificats
favorables à la pratique de MM. Allain et Morvan,
pour les communes de Saint-Carné, Tréveron et
Calorguen. J'ai cru devoir m'interdire toutes réflexions à cet égard. Ces certificats sont réellement

déposés à la Sous-Préfecture; mais il n'en est aucun qui soit relatif aux communes qui ont été confiées aux soins de M. Bodinier. Aucun des Curés, aucun des Maires de ces communes ne pouvoit ignorer l'inexactitude de la statistique qu'il a rédigée; aucun n'eût voulu nous tromper sur une question qui importe à notre sûreté et à notre bonheur. Cependant il assure que *tous* ces Messieurs ont certifié des tableaux d'où il résulte qu'il n'est pas mort un dixième des dyssentériques qui ont suivi ses conseils, et que *leurs certificats sont déposés à la Sous-Préfecture.*

Je ne qualifierai point une assertion aussi répréhensible, aussi facile à démentir. Je ne suis point accusateur. Je dirai même qu'il a pu, auprès des malades, se méprendre, et donner avec des intentions pures, de funestes conseils. Mais comment, après avoir dit que *le Roi vouloit bien prodiguer les médicamens et les alimens*, ose-t-il affirmer qu'il n'a vu presqu'aucun des malades qui ont succombé ?

Lorsque la dyssenterie est épidémique et contagieuse, dans un pays dont les ressources sont presqu'entièrement épuisées, les indigens forment la classe la plus nombreuse. Je dirai même que presque tous les malades ont droit à la sollicitude du Gouvernement. Toujours plus ou moins délaissés par leurs voisins inquiets ou malades, souvent tous affectés à la fois dans la même maison, comment se procureroient-ils les secours nécessaires, surtout ceux de la médecine, lorsqu'ils ne les trouvent qu'à plusieurs lieues de leurs habitations ? C'est en leur donnant à tous de salutaires conseils que l'on arrête promptement la marche d'une épidémie et que l'on diminue les charges publiques.

Dans la répartition que j'avois faite des communes, d'accord avec M. le Sous-Préfet, et qui se trouve insérée dans ma première Instruction, j'avois laissé à M. Bodinier un arrondissement déjà trop étendu; néanmoins, oubliant les rapports qui devoient exister entre nous, il s'est chargé, contre mon intention, des communes de Léhon et de Lanvallay, que M. Postel devoit visiter. Au reste, il a dû s'adjoindre des aides en nombre suffisant, et ce n'est pas moi qu'il doit en accuser s'il *a eu seulement le droit d'entrer chez les pauvres.* Les riches l'eussent également reçu, si le succès eût justifié sa pratique. Des personnes des plus recommandables, de respectables Ecclésiastiques ont cru devoir le lui dire ; et s'ils m'ont fait connoître les funestes effets de la doctrine qu'il répandoit, il en convient lui-même, *ce ne pouvoit être pour lui nuire.* Ils l'ont fait, parce qu'ils pensent que la vie et la santé des hommes en général doit être préférée à des intérêts personnels.

J'avois prié MM. les Ecclésiastiques d'Evran de me donner des renseignemens sur l'épidémie, et de réunir leurs observations. Le 8 novembre , ils m'annoncèrent le rétablissement d'une fille que je venois de traiter chez eux de la dyssenterie, qu'elle avoit contractée en donnant des soins à leur domestique, morte de cette maladie , après avoir été émétisée et purgée. Ils ajoutèrent : « La plupart des malades qui ont fait usage de ces remèdes , sont sujets à des dévoiemens et à des coliques auxquels souvent ils succombent, et que n'éprouvent point ou rarement , ceux qui ont été traités par des lavemens et des boissons adoucissantes , un régime sain et les autres soins que vous indiquez ».

« Chaque jour nous pouvons nous convaincre des avantages de ce traitement qui, sans assurer toujours de brillans succès , en procure de si nombreux , qu'il triomphera , nous n'en doutons pas , quels que soient les raisonnemens et les faits particuliers qui pourroient être cités en faveur des méthodes perturbatrices et inconsidérées qui , comme M. Pinel le dit dans le passage que vous citez , perpétuent les dyssenteries ».

« Recevez , Monsieur, avec le témoignage de notre estime et de notre attachement , l'assurance que quoique d'autres soins vous aient empêché de voir nos paroissiens pendant l'épidémie , ils n'ont oublié ni vos succès , ni l'empressement que vous avez toujours mis à secourir les malheureux ».

EBALLARD, *Curé.* BUNEL , *Vic.* LESAGE , *Vic.* RAVAUDET , *Vic.*

En visitant Evran , on peut aisément reconnoître que je n'ai point *surpris la bonne foi de ces Messieurs* , et M. Bodinier conviendra, je pense, que si, dans mon précédent écrit, je n'ai qu'indiqué cette lettre qu'il m'est permis de publier, ce n'étoit point *pour lui nuire.*

Le succès ne pouvant justifier sa pratique, il assure que la différence que l'on remarque dans les résultats indiqués par les tableaux nécrologiques , ne tient point au traitement , et que le sien a été le même que celui conseillé par MM. Postel et Le Tulle. Je vais prouver le contraire.

Dans son instruction publiée au prône des grand'messes , M. Bodinier, sans ajouter aucune explication, sans y mettre aucune restriction, dit : « Aussitôt que l'on éprouve des coliques , avec des envies fréquentes d'aller à la selle, on doit se hâter de réclamer des secours. *Le plus efficace , au début , est un vomitif* « (1) ; et dans ses premières réflexions imprimées , il indique sans restriction , *lorsqu'il y a douleur , les saignées locales ou générales ; mais il faut,* dit-il, *presque toujours, dès le*

---

( 1 ) Les lavemens , dit-il , ne sont utiles qu'autant qu'il y a un ténesme violent. — Je ne sais pourquoi ne pas conseiller les lavemens au début de la dyssenterie , que souvent ils guérissent. Lorsque le ténesme est violent , les malades éprouvent une irritation telle qu'il leur est impossible de souffrir l'introduction de la canule.

*début, administrer un vomitif pour dissiper l'embarras gastrique qui accompagne les dyssenteries même les plus simples, et avoir recours aux laxatifs dans le cours de la maladie.*

Dans son dernier mémoire, il se plaît à citer le rapport d'un de ses aides exerçant à Plouáne, M. Lasauce, qui *établissoit 84 dyssentériques, pauvres et autres, traités par lui et tous émétisés* ( 1 ). Si ses aides, auxquels il devoit, dans des entretiens particuliers, développer ses principes, ont cru suivre ses avis en employant *dans tous les cas* les émétiques ; si ses premières instructions semblent confirmer cette doctrine, est-il étranger à l'abus que n'ont cessé d'en faire des malades impatiens de guérir ? est-il étranger à la mort de ceux qu'il *a vus périr victimes des évacuans donnés inconsidérément par certains hommes qui, au mépris des lois, distribuent des remèdes sans ordonnances.*

---

( 1 ) M. Bodinier dit qu'il n'en est mort que 7. Mais les registres civils prouvent qu'il y a eu 25 décès du 4 octobre au 20, — 45 du 20 octobre au 30 novembre : total, 70, dont au moins 60 dyssentériques. Il n'en avoue également que 7 à Saint-Juvat, quoiqu'il en ait réellement péri dans le même espace de temps 33 au-delà de la mortalité ordinaire.

Il assure qu'il n'est pas mort un des 58 malades dont lui ou son aide, M. Le Marchand, ont commencé le traitement dans le canton de Saint-Jouan. Dans les seules communes de Plumaudan et de Caulnes, où l'épidémie ne s'est manifestée, d'une manière inquiétante, que vers la fin d'octobre, il est mort plus de 58 dyssentériques.

Nous venons de rappeler la doctrine enseignée par M. Bodinier et quels en ont été les résultats. Examinons la pratique de MM. Postel, Le Tulle, etc. Depuis le 20 octobre M. Postel n'a conseillé les évacuans du canal alimentaire qu'aux personnes bien constituées, dans l'âge adulte et affectées de dyssenteries simples. On n'a tiré du sang à aucun des 53 malades de Saint-Solain dont il m'a donné la liste. 17 seulement ont pris des vomitifs, et ils étoient tous dans l'âge de 10 ans à 55. On leur donnoit avec zèle et intelligence, en se conformant à l'instruction que j'ai publiée, les secours et les soins qu'offrent l'hygiène et la diététique ; et, loin de s'interdire l'usage des stimulans extérieurs, des aromates et des toniques, M. Postel en faisoit une consommation qui excédoit tellement celle des autres officiers de santé, que MM. le Sous-Préfet et le pharmacien qui les distribuoit, pensèrent que ses demandes devoient être réduites. Elles eussent été réellement excessives, si la longue et pénible convalescence qu'éprouvent presque toujours les dyssentériques, lorsqu'ils ont pris des évacuans, n'eût rendu ces remèdes nécessaires. M. Postel ne s'est donc point borné à affoiblir ses malades en augmentant l'irritation du canal alimentaire, et sa pratique a été, comme elle devoit l'être, moins malheureuse que celle de M. Bodinier, aux avis duquel il ne s'est conformé qu'au commencement de l'épidémie.

*Etat des malades qui ont eu, ou qui ont encore la dyssenterie dans la commune de Pleudihen.*

Morts avant le 20 octobre, . . . . . . . . .  22.

Guéris avant le 20 octobre, . . . . . . . .  25.

Malades le 20 octobre ou affectés depuis,  285.

Morts depuis le 20 octobre, . . . . . . . .  57.

*Certifié conforme jusqu'au 30 novembre inclusivement. Le 7 décembre 1815.*

POSTEL, D. M.

Depuis que j'ai eu occasion de m'entretenir avec M. Le Tulle sur la nature et les causes de l'épidémie, la méthode que j'ai indiquée a été généralement suivie dans les communes confiées à ses soins; et sur les 20 dyssentériques du Plessix, 3 seulement ont pris des vomitifs, savoir : deux hommes forts et une jeune fille bien constituée.

A Saint-Solain et au Plessix, tous les malades se trouvoient réunis au chef-lieu, en sorte que j'ai pu les visiter plusieurs fois pendant l'épidémie. Ils l'ont été récemment par MM. les Maires de ces communes, qui m'ont remis les notes que je publie relativement aux remèdes donnés. Celui du Plessix me marque que les 3 dyssentériques qui ont été émétisés, sont ceux qui ont le plus long-temps éprouvé des coliques, et que ceux qui sont morts étoient des enfans pauvres et mal soignés.

Ne voulant émettre aucune assertion sans être

assuré d'avance de pouvoir la justifier par le témoignage de MM. les Maires; et les malades des
autres communes confiées aux soins de MM. Postel
et Le Tulle étant dispersés sur de grandes surfaces,
je n'ai point fait de recherches particulières sur les
soins qu'ils ont reçus, ni sur leur état actuel.

M. Gouault a suivi mes conseils; mais il n'a pu
visiter assez tôt les communes qui lui ont été confiées, en sorte que son nécrologe n'est pas aussi
favorable qu'il eût pu l'être. Celui de M. Olivier,
qui m'a souvent accompagné auprès des malades,
et dont la pratique est conforme à la mienne, le
met à l'abri de la critique de M. Bodinier.

Je dois féliciter ces Messieurs et leurs aides sur
leurs succès, sur leur zèle et leur désintéressement.
Je dois aussi faire remarquer que s'ils avoient
réellement cédé à l'impulsion que M. Bodinier a
voulu leur transmettre, que si, comme il l'assure,
quelques-uns avoient abusé des évacuans; je serois
aussi étranger à la mort de leurs malades, qu'il
l'est au rétablissement de ceux que MM. les Ecclésiastiques et autres ont guéris, en indiquant ma
méthode, dans les communes confiées à ses soins.

On a presque toujours réussi dans le traitement
de l'épidémie qui vient de régner, lorsqu'au lieu
de stimuler inconsidérément le canal alimentaire,
l'on a calmé l'irritation par des lavemens et des
boissons adoucissantes, et dirigé les mouvemens
salutaires

salutaires de la nature par tous les moyens qu'offrent l'hygiène et la diététique, par des stimulans extérieurs, quelques calmans, de légers aromates, du vin et même des amers, lorsque la foiblesse étoit considérable.

C'est d'après ces principes que j'ai traité à Dinan un grand nombre de dyssentériques dont aucun n'a succombé, tandis que, comme je l'ai dit, les cinq adolescens ou adultes qui y sont morts, avoient pris des émétiques et autres évacuans.

M. Bodinier donnoit seul les secours du Gouvernement à Lanvallay. L'épidémie s'est manifestée très-tard dans cette commune où toutes les chances étoient en faveur du succès des traitemens. Néanmoins on y a compté des victimes dans une proportion des plus effrayantes; et la plupart de ces victimes ont été choisies parmi les personnes adultes, parmi celles qui, abandonnées à la nature, eussent rarement succombé, et que des soins méthodiques eussent conservées à la vie. Le certificat que produit M. Bodinier ne peut que confirmer mes assertions, car je n'ai jamais ni écrit, ni *voulu insinuer* que *tous* les malades qui, dans cette commune, ont péri, avoient reçu ses soins; mais j'eusse pu dire que nulle part sa méthode n'a été plus généralement suivie, parce que Lanvallay étant près de Dinan, tous les dyssentériques pouvoient se procurer les remèdes qui leur étoient annoncés comme les plus efficaces.

2

La mortalité dans les communes, est presque toujours en raison directe de l'usage que l'on y fait des évacuans. Néanmoins ils sont quelquefois utiles, et je n'ai point voulu les proscrire. M. Bodinier lui-même ne peut s'être mépris à cet égard ; mais en parlant de l'action qu'ils exercent sur nos organes, j'ai dû insister sur les accidens qui résultent de leur indiscrète administration ; et je crois avoir suffisamment prouvé que je ne devois pas proclamer des principes qui en consacrent l'abus ( 1 ).

---

( 1 ) L'opinion que le sang et la bile sont les causes de toutes les maladies, et que l'on ne peut efficacement les combattre qu'en ôtant l'un et l'autre, est encore tellement répandue, et il est si difficile de ne pas céder à l'impatience des malades et des personnes qui les entourent, que, même dans les lieux dont les officiers de santé se distinguent par leur prudence et leurs talens, la mortalité excède celle que l'on remarque dans les communes où il ne s'en trouve point.

Dans le tableau suivant, j'ai réuni par cantons, comme décès annuels, la moitié de ceux des années 1813 et 1814, pendant lesquelles il n'y a point eu d'épidémie dans nos contrées.

Pour chaque canton, la première ligne est relative aux communes dans lesquelles se trouve le domicile des officiers de santé. Celles où il n'y en a point qui soient imposés comme faisant leur profession de l'exercice de la médecine, sont indiquées dans la seconde ligne.

Le chiffre qui répond à la première colonne de chaque ligne, rappelle le nombre des officiers de santé. La population est

Il ne convient point de mettre entre les mains du
peuple, des instrumens qu'il recherche et qu'il bénit

---

marquée dans la 2.<sup>de</sup> colonne et le nombre des décès se trouve
dans la 3.<sup>me</sup>. La 4.<sup>me</sup> fait voir les rapports que l'on remarque
entre le nombre des décès et la population des communes.

| CANTONS de | Nombre des Officiers de santé. | POPULATION. | Décès. | PROPORTION. |
|---|---|---|---|---|
| Dinan ........ | 17 | 14531 | 383 | 1 sur 38 |
|  | 0 | 9971 | 236 | 1 — 42 |
| Broons ...... | 4 | 5850 | 167 | 1 — 35 |
|  | 0 | 5567 | 159 | 1 — 35 |
| Matignon. | 3 | 1959 | 46 | 1 — 42 |
|  | 0 | 8976 | 193 | 1 — 46 |
| Jugon ....... | 4 | 4321 | 158 | 1 — 27 |
|  | 0 | 5986 | 145 | 1 — 41 |
| Plancoet .. | 3 | 4555 | 108 | 1 — 42 |
|  | 0 | 7203 | 161 | 1 — 45 |
| Ploubalay. | 1 | 1761 | 45 | 1 — 39 |
|  | 0 | 5113 | 123 | 1 — 41 |
| Plélan ..... | 0 | 3996 | 97 | 1 — 41 |
| S.-Jouan ... | 3 | 1135 | 23 | 1 — 49 |
|  | 0 | 7356 | 143 | 1 — 52 |
| Evran ........ | 3 | 6307 | 154 | 1 — 41 |
|  | 0 | 3519 | 60 | 1 — 59 |

Le nombre des décès portés sur les registres de Dinan
depuis dix ans, est de 1988. — Si de l'an 1.<sup>er</sup> à l'an 12 l'on

au moment même où il tombe sous leurs coups. Déjà trop souvent les habitudes et les préjugés des malades secondent l'opposition que quelques médecins mettent encore à ce que l'on adopte la doctrine médicale qu'enseignoit Hippocrate, et que j'ai appelée physiologique, parce que, toujours guidée par l'observation des phénomènes dont l'ensemble constitue notre existence, tous les soins qu'elle indique tendent à diriger ou à seconder les mouvemens salutaires de la nature.

---

retire l'année de la plus grande mortalité et celle de la moindre, il reste pour les dix autres 2599. — Différence en moins, 611, tandis qu'il devoit y avoir une augmentation considérable à cause de la population qui s'est accrue d'un quinzième et de l'enregistrement des militaires décédés aux armées, qui ne se faisoit point avant l'an 12. Je dois encore rappeler que les registres civils de l'arrondissement et des villes voisines prouvent que les constitutions épidémiques ont été plus funestes pendant les dix dernières années, qu'elles ne l'étoient pendant celles que je leur compare. (*Voyez mon Mémoire sur l'abus des remèdes.*)

Les registres de décès sont tous au greffe du Tribunal de première instance. Le tableau de population est à la Sous-Préfecture, et celui des officiers de santé chez MM. les Controleurs des contributions directes.

Des recherches analogues à celles que je publie, faites dans toute la France, dévoileroient le plus funeste des abus et feroient voir combien il importe de créer de bonnes institutions médicales, qui seroient le plus utile et le plus beau des monumens que l'on puisse élever à la gloire d'un bon Roi.

J'ai affoibli les effets de l'opposition dont je viens de parler, en donnant aux pauvres et aux personnes peu fortunées qui ont réclamé mes soins, tous les secours dont j'ai pu disposer; et lorsque je l'ai cru nécessaire, j'ai donné des remèdes. Dans mon mémoire sur l'abus des évacuans, j'en ai fait connoître les motifs. Cependant M. Bodinier, que je pourrois, sans recourir à la *calomnie*, faire repentir de s'être exposé à de piquantes représailles, en attaquant le moral de mes actions, me reproche cet acte onéreux et sans lequel je n'eusse point obtenu les succès dont je me félicite. Je m'interdirai toutes citations, étant persuadé que, dans ses attaques vraiment irréfléchies, il n'est que l'agent de quelques hommes plus adroits, qui n'oseroient avouer des écrits qu'une impuissante jalousie peut seule inspirer.

FIN.